MOTIVATIONAL PLANNER WITH WEEKLY OVERVIEW: LET ORGANIZATION, SELF-REFLECTION AND PRODUCTIVITY BE PART OF YOUR DAY

—

A SIMPLE, UNDATED DIN A4 NOTEBOOK TO HELP YOU STICK TO YOUR ROUTINE, CREATE NEW HABITS AND GROW

MOTIVATIONAL PLANNER WITH WEEKLY OVERVIEW: LET ORGANIZATION, SELF−REFLECTION AND PRODUCTIVITY BE PART OF YOUR DAY − A SIMPLE, UNDATED DIN A4 NOTEBOOK TO HELP YOU STICK TO YOUR ROUTINE, CREATE NEW HABITS AND GROW
FIRST EDITION

BIBLIOGRAFISCHE INFORMATION DER DEUTSCHEN NATIONALBIBLIOTHEK: DIE DEUTSCHE NATIONALBIBLIOTHEK VERZEICHNET DIESE PUBLIKATION IN DER DEUTSCHEN NATIONALBIBLIOGRAFIE; DETAILLIERTE BIBLIOGRAFISCHE DATEN SIND IM INTERNET ÜBER DNB.DNB.DE ABRUFBAR.

©2022 ALINA BECKER
HERSTELLUNG UND VERLAG: BOD − BOOKS ON DEMAND, NORDERSTEDT

ISBN: 9783756869602

HAVING A PLAN IS NOT ALWAYS THE SOLUTION
BUT IT´S A STEP
TOWARDS FREEING THE MIND.

YOU ARE ON A JOURNEY
AND WHILE HAVING FAITH,
YOU CAN INFLUENCE THE DIRECTION YOU´RE TAKING.
DAY BY DAY.

HOW TO USE THIS PLANNER:

EVERY WEEK ...
... WRITE DOWN WHAT YOU WANT TO ACHIEVE THIS WEEK,
WHAT YOU WANT TO INCLUDE IN YOUR DAILY ROUTINE,
AND WHAT YOU WANT TO DEFINE AS YOUR NEW LITTLE HABIT. YOU CAN CHOOSE
THE SAME OVER AND OVER AGAIN.

... WRITE DOWN A LITTLE NOTE OR ADVICE TO YOURSELF,
AS YOU WOULD GIVE IT TO A FRIEND.

EVERY DAY ...
... ASK YOURSELF, WHAT DO MY MIND, BODY, AND HEART NEED TODAY? YOU DO
NOT HAVE TO DO SOMETHING ABOUT IT,
JUST BE AWARE OF YOUR NEEDS.

... TRY TO BREAK DOWN THE TO—DOS OF THE DAY INTO SMALL TASKS. TASKS
THAT CAN EASILY BE CHECKED OFF IN A FEW MINUTES.

... TRY TO SPOT ONE LITTLE MOMENT YOU WANT TO REMEMBER.
IT CAN BE SOMETHING AS SIMPLE AS THE FIRST SIP OF YOUR COFFEE OR A BREATH
OF FRESH AIR.

YOU GOT THIS

TO-DO THIS WEEK

☐ Call HR
☐ Present for Lily
☑ Return Pauls book
☑ Call insurance

☐
☐
☐
☐

☐

NOTE TO MYSELF:

I love myself and I treat myself like I would treat a friend

	WHAT DO I NEED TODAY?	ROUTINE ☐ Exercise ☐ Smile ☐ Relax	THIS WEEKS NEW LITTLE HABIT: 10 push-ups	TO-DO			LITTLE MOMENT TO REMEMBER TODAY
M Oct 3rd	MIND *Having clean apartment* BODY *Go outside* HEART *Call Anne*	☑ ☑ ☑	☑	WORK	Tidy up kitchen ✓ Tidy up bedroom ✓ Water plants ✓ Go for a run ✓ Go grocery shopping ✓	7:00 pm: Cooking and having Dinner with Marc and Isabell at home	The colors of autnum while running through the park
T 4th	MIND *Time to think* BODY *Go outside* HEART *Music*	☑ ☑ ☑	☑	WORK	Call insurance! ✓ Little workout ✓	RELAX at home ♡	The bus driver remembered my name ☺
W 5th	MIND *Meditation* BODY *Yoga* HEART *Time at home*	☑ ☑ ☑	☑	WORK 01:30 pm: Lunch with Paul - (book!)	Water plants ✓ Prepare lunch for tomorrow ✓	05:00 pm: Yoga-Class 06:30 pm: Phone-call with Anne	Talking to Anne on the phone, sitting on the couch with a big cup of tea
T 6th	MIND BODY HEART	☐ ☐ ☐	☐				
F 7th	MIND BODY HEART	☐ ☐ ☐	☐				
S 8th	MIND BODY HEART	☐ ☐ ☐	☐				
S 9th	MIND BODY HEART	☐ ☐ ☐	☐				

TO-DO THIS WEEK

☐
☐
☐
☐
☐

☐
☐
☐
☐
☐

☐
☐

NOTE TO MYSELF:

	WHAT DO I NEED TODAY?	ROUTINE ☐ ____ ☐ ____ ☐ ____	THIS WEEKS NEW LITTLE HABIT: ____	TO-DO TODAY	LITTLE MOMENT TO REMEMBER TODAY
M	MIND BODY HEART	☐ ☐ ☐	☐		
T	MIND BODY HEART	☐ ☐ ☐	☐		
W	MIND BODY HEART	☐ ☐ ☐	☐		
T	MIND BODY HEART	☐ ☐ ☐	☐		
F	MIND BODY HEART	☐ ☐ ☐	☐		
S	MIND BODY HEART	☐ ☐ ☐	☐		
S	MIND BODY HEART	☐ ☐ ☐	☐		

TO-DO THIS WEEK

☐
☐
☐
☐
☐

☐
☐
☐
☐
☐

☐
☐

NOTE TO MYSELF:

	WHAT DO I NEED TODAY?	ROUTINE ☐____ ☐____ ☐____	THIS WEEKS NEW LITTLE HABIT: ____	TO-DO TODAY	LITTLE MOMENT TO REMEMBER TODAY
M	MIND BODY HEART	☐ ☐ ☐	☐		
T	MIND BODY HEART	☐ ☐ ☐	☐		
W	MIND BODY HEART	☐ ☐ ☐	☐		
T	MIND BODY HEART	☐ ☐ ☐	☐		
F	MIND BODY HEART	☐ ☐ ☐	☐		
S	MIND BODY HEART	☐ ☐ ☐	☐		
S	MIND BODY HEART	☐ ☐ ☐	☐		

TO-DO THIS WEEK

☐
☐
☐
☐
☐

☐
☐
☐
☐
☐

☐
☐

NOTE TO MYSELF:

	WHAT DO I NEED TODAY?	ROUTINE ☐___ ☐___ ☐___	THIS WEEKS NEW LITTLE HABIT: ___	TO-DO TODAY	LITTLE MOMENT TO REMEMBER TODAY
M	MIND BODY HEART	☐ ☐ ☐	☐		
T	MIND BODY HEART	☐ ☐ ☐	☐		
W	MIND BODY HEART	☐ ☐ ☐	☐		
T	MIND BODY HEART	☐ ☐ ☐	☐		
F	MIND BODY HEART	☐ ☐ ☐	☐		
S	MIND BODY HEART	☐ ☐ ☐	☐		
S	MIND BODY HEART	☐ ☐ ☐	☐		

TO-DO THIS WEEK

☐
☐
☐
☐
☐

☐
☐
☐
☐
☐

☐
☐

NOTE TO MYSELF:

	WHAT DO I NEED TODAY?	ROUTINE ☐_____ ☐_____ ☐_____	THIS WEEKS NEW LITTLE HABIT: _____	TO-DO TODAY	LITTLE MOMENT TO REMEMBER TODAY
M	MIND BODY HEART	☐ ☐ ☐	☐		
T	MIND BODY HEART	☐ ☐ ☐	☐		
W	MIND BODY HEART	☐ ☐ ☐	☐		
T	MIND BODY HEART	☐ ☐ ☐	☐		
F	MIND BODY HEART	☐ ☐ ☐	☐		
S	MIND BODY HEART	☐ ☐ ☐	☐		
S	MIND BODY HEART	☐ ☐ ☐	☐		

TO-DO THIS WEEK

☐
☐
☐
☐
☐

☐
☐
☐
☐
☐

☐
☐

NOTE TO MYSELF:

	WHAT DO I NEED TODAY?	ROUTINE ☐_____ ☐_____ ☐_____	THIS WEEKS NEW LITTLE HABIT: _____	TO-DO TODAY	LITTLE MOMENT TO REMEMBER TODAY
M	MIND BODY HEART	☐ ☐ ☐	☐		
T	MIND BODY HEART	☐ ☐ ☐	☐		
W	MIND BODY HEART	☐ ☐ ☐	☐		
T	MIND BODY HEART	☐ ☐ ☐	☐		
F	MIND BODY HEART	☐ ☐ ☐	☐		
S	MIND BODY HEART	☐ ☐ ☐	☐		
S	MIND BODY HEART	☐ ☐ ☐	☐		

TO-DO THIS WEEK

- [ ]
- [ ]
- [ ]
- [ ]
- [ ]

- [ ]
- [ ]
- [ ]
- [ ]
- [ ]

- [ ]
- [ ]

NOTE TO MYSELF:

	WHAT DO I NEED TODAY?	ROUTINE [ ]___ [ ]___ [ ]___	THIS WEEKS NEW LITTLE HABIT: ___	TO-DO TODAY	LITTLE MOMENT TO REMEMBER TODAY
M	MIND BODY HEART	[ ] [ ] [ ]			
T	MIND BODY HEART	[ ] [ ] [ ]			
W	MIND BODY HEART	[ ] [ ] [ ]			
T	MIND BODY HEART	[ ] [ ] [ ]			
F	MIND BODY HEART	[ ] [ ] [ ]			
S	MIND BODY HEART	[ ] [ ] [ ]			
S	MIND BODY HEART	[ ] [ ] [ ]			

TO-DO THIS WEEK

- [ ]
- [ ]
- [ ]
- [ ]
- [ ]

- [ ]
- [ ]
- [ ]
- [ ]
- [ ]

- [ ]
- [ ]

NOTE TO MYSELF:

	WHAT DO I NEED TODAY?	ROUTINE ☐___ ☐___ ☐___	THIS WEEKS NEW LITTLE HABIT: ____	TO-DO TODAY	LITTLE MOMENT TO REMEMBER TODAY
M	MIND BODY HEART	☐ ☐ ☐	☐		
T	MIND BODY HEART	☐ ☐ ☐	☐		
W	MIND BODY HEART	☐ ☐ ☐	☐		
T	MIND BODY HEART	☐ ☐ ☐	☐		
F	MIND BODY HEART	☐ ☐ ☐	☐		
S	MIND BODY HEART	☐ ☐ ☐	☐		
S	MIND BODY HEART	☐ ☐ ☐	☐		

TO-DO THIS WEEK

☐
☐
☐
☐
☐

☐
☐
☐
☐
☐

☐
☐

NOTE TO MYSELF:

	WHAT DO I NEED TODAY?	ROUTINE ☐_____ ☐_____ ☐_____	THIS WEEKS NEW LITTLE HABIT: _____	TO-DO TODAY	LITTLE MOMENT TO REMEMBER TODAY
M	MIND BODY HEART	☐ ☐ ☐	☐		
T	MIND BODY HEART	☐ ☐ ☐	☐		
W	MIND BODY HEART	☐ ☐ ☐	☐		
T	MIND BODY HEART	☐ ☐ ☐	☐		
F	MIND BODY HEART	☐ ☐ ☐	☐		
S	MIND BODY HEART	☐ ☐ ☐	☐		
S	MIND BODY HEART	☐ ☐ ☐	☐		

TO-DO THIS WEEK

☐
☐
☐
☐
☐

☐
☐
☐
☐
☐

☐
☐

NOTE TO MYSELF:

	WHAT DO I NEED TODAY?	ROUTINE ☐___ ☐___ ☐___	THIS WEEKS NEW LITTLE HABIT: ___	TO-DO TODAY	LITTLE MOMENT TO REMEMBER TODAY
M	MIND BODY HEART	☐ ☐ ☐	☐		
T	MIND BODY HEART	☐ ☐ ☐	☐		
W	MIND BODY HEART	☐ ☐ ☐	☐		
T	MIND BODY HEART	☐ ☐ ☐	☐		
F	MIND BODY HEART	☐ ☐ ☐	☐		
S	MIND BODY HEART	☐ ☐ ☐	☐		
S	MIND BODY HEART	☐ ☐ ☐	☐		

TO-DO THIS WEEK

☐
☐
☐
☐
☐

☐
☐
☐
☐
☐

☐
☐

NOTE TO MYSELF:

	WHAT DO I NEED TODAY?	ROUTINE ☐_____ ☐_____ ☐_____	THIS WEEKS NEW LITTLE HABIT: _____	TO-DO TODAY	LITTLE MOMENT TO REMEMBER TODAY
M	MIND BODY HEART	☐ ☐ ☐			
T	MIND BODY HEART	☐ ☐ ☐			
W	MIND BODY HEART	☐ ☐ ☐			
T	MIND BODY HEART	☐ ☐ ☐			
F	MIND BODY HEART	☐ ☐ ☐			
S	MIND BODY HEART	☐ ☐ ☐			
S	MIND BODY HEART	☐ ☐ ☐			

CHANGE NEEDS TIME.
WE CHANGE IN SMALL STEPS.
AND THAT IS OK.

TO-DO THIS WEEK

☐
☐
☐
☐
☐

☐
☐
☐
☐
☐

☐
☐

NOTE TO MYSELF:

	WHAT DO I NEED TODAY?	ROUTINE ☐___ ☐___ ☐___	THIS WEEKS NEW LITTLE HABIT: ___	TO-DO TODAY	LITTLE MOMENT TO REMEMBER TODAY
M	MIND ☐ BODY ☐ HEART ☐	☐ ☐ ☐	☐		
T	MIND ☐ BODY ☐ HEART ☐	☐ ☐ ☐	☐		
W	MIND ☐ BODY ☐ HEART ☐	☐ ☐ ☐	☐		
T	MIND ☐ BODY ☐ HEART ☐	☐ ☐ ☐	☐		
F	MIND ☐ BODY ☐ HEART ☐	☐ ☐ ☐	☐		
S	MIND ☐ BODY ☐ HEART ☐	☐ ☐ ☐	☐		
S	MIND ☐ BODY ☐ HEART ☐	☐ ☐ ☐	☐		

TO-DO THIS WEEK

- [ ]
- [ ]
- [ ]
- [ ]
- [ ]

- [ ]
- [ ]
- [ ]
- [ ]
- [ ]

- [ ]
- [ ]

NOTE TO MYSELF:

	WHAT DO I NEED TODAY?	ROUTINE [ ]_____ [ ]_____ [ ]_____	THIS WEEKS NEW LITTLE HABIT: _____	TO-DO TODAY	LITTLE MOMENT TO REMEMBER TODAY
M	MIND BODY HEART	[ ] [ ] [ ]			
T	MIND BODY HEART	[ ] [ ] [ ]			
W	MIND BODY HEART	[ ] [ ] [ ]			
T	MIND BODY HEART	[ ] [ ] [ ]			
F	MIND BODY HEART	[ ] [ ] [ ]			
S	MIND BODY HEART	[ ] [ ] [ ]			
S	MIND BODY HEART	[ ] [ ] [ ]			

TO-DO THIS WEEK

- [ ]
- [ ]
- [ ]
- [ ]
- [ ]

- [ ]
- [ ]
- [ ]
- [ ]
- [ ]

- [ ]
- [ ]

NOTE TO MYSELF:

	WHAT DO I NEED TODAY?	ROUTINE [ ]___ [ ]___ [ ]___	THIS WEEKS NEW LITTLE HABIT: ___	TO-DO TODAY	LITTLE MOMENT TO REMEMBER TODAY
M	MIND [ ] BODY [ ] HEART	[ ] [ ] [ ]	[ ]		
T	MIND [ ] BODY [ ] HEART	[ ] [ ] [ ]	[ ]		
W	MIND [ ] BODY [ ] HEART	[ ] [ ] [ ]	[ ]		
T	MIND [ ] BODY [ ] HEART	[ ] [ ] [ ]	[ ]		
F	MIND [ ] BODY [ ] HEART	[ ] [ ] [ ]	[ ]		
S	MIND [ ] BODY [ ] HEART	[ ] [ ] [ ]	[ ]		
S	MIND [ ] BODY [ ] HEART	[ ] [ ] [ ]	[ ]		

TO-DO THIS WEEK

☐ ☐ ☐
☐ ☐ ☐
☐ ☐
☐ ☐
☐

NOTE TO MYSELF:

	WHAT DO I NEED TODAY?	ROUTINE ☐_____ ☐_____ ☐_____	THIS WEEKS NEW LITTLE HABIT: _____	TO-DO TODAY	LITTLE MOMENT TO REMEMBER TODAY
M	MIND BODY HEART	☐ ☐ ☐	☐		
T	MIND BODY HEART	☐ ☐ ☐	☐		
W	MIND BODY HEART	☐ ☐ ☐	☐		
T	MIND BODY HEART	☐ ☐ ☐	☐		
F	MIND BODY HEART	☐ ☐ ☐	☐		
S	MIND BODY HEART	☐ ☐ ☐	☐		
S	MIND BODY HEART	☐ ☐ ☐	☐		

TO-DO THIS WEEK

- [ ]
- [ ]
- [ ]
- [ ]
- [ ]

- [ ]
- [ ]
- [ ]
- [ ]
- [ ]

- [ ]
- [ ]

NOTE TO MYSELF:

	WHAT DO I NEED TODAY?	ROUTINE [ ]___ [ ]___ [ ]___	THIS WEEKS NEW LITTLE HABIT: ___	TO-DO TODAY	LITTLE MOMENT TO REMEMBER TODAY
M	MIND BODY HEART	[ ] [ ] [ ]			
T	MIND BODY HEART	[ ] [ ] [ ]			
W	MIND BODY HEART	[ ] [ ] [ ]			
T	MIND BODY HEART	[ ] [ ] [ ]			
F	MIND BODY HEART	[ ] [ ] [ ]			
S	MIND BODY HEART	[ ] [ ] [ ]			
S	MIND BODY HEART	[ ] [ ] [ ]			

TO-DO THIS WEEK

☐
☐
☐
☐
☐

☐
☐
☐
☐
☐

☐

☐

NOTE TO MYSELF:

	WHAT DO I NEED TODAY?	ROUTINE ☐___ ☐___ ☐___	THIS WEEKS NEW LITTLE HABIT: ___	TO-DO TODAY	LITTLE MOMENT TO REMEMBER TODAY
M	MIND BODY HEART	☐ ☐ ☐	☐		
T	MIND BODY HEART	☐ ☐ ☐	☐		
W	MIND BODY HEART	☐ ☐ ☐	☐		
T	MIND BODY HEART	☐ ☐ ☐	☐		
F	MIND BODY HEART	☐ ☐ ☐	☐		
S	MIND BODY HEART	☐ ☐ ☐	☐		
S	MIND BODY HEART	☐ ☐ ☐	☐		

TO-DO THIS WEEK

- ☐
- ☐
- ☐
- ☐
- ☐

- ☐
- ☐
- ☐
- ☐
- ☐

- ☐
- ☐

NOTE TO MYSELF:

	WHAT DO I NEED TODAY?	ROUTINE ☐____ ☐____ ☐____	THIS WEEKS NEW LITTLE HABIT: ____	TO-DO TODAY	LITTLE MOMENT TO REMEMBER TODAY
M	MIND BODY HEART	☐ ☐ ☐	☐		
T	MIND BODY HEART	☐ ☐ ☐	☐		
W	MIND BODY HEART	☐ ☐ ☐	☐		
T	MIND BODY HEART	☐ ☐ ☐	☐		
F	MIND BODY HEART	☐ ☐ ☐	☐		
S	MIND BODY HEART	☐ ☐ ☐	☐		
S	MIND BODY HEART	☐ ☐ ☐	☐		

TO-DO THIS WEEK

- [ ]
- [ ]
- [ ]
- [ ]
- [ ]

- [ ]
- [ ]
- [ ]
- [ ]

- [ ]
- [ ]

	WHAT DO I NEED TODAY?	ROUTINE ☐ _____ ☐ _____ ☐ _____	THIS WEEKS NEW LITTLE HABIT: _____	TO-DO TODAY	LITTLE MOMENT TO REMEMBER TODAY
M	MIND BODY HEART	☐ ☐ ☐	☐		
T	MIND BODY HEART	☐ ☐ ☐	☐		
W	MIND BODY HEART	☐ ☐ ☐	☐		
T	MIND BODY HEART	☐ ☐ ☐	☐		
F	MIND BODY HEART	☐ ☐ ☐	☐		
S	MIND BODY HEART	☐ ☐ ☐	☐		
S	MIND BODY HEART	☐ ☐ ☐	☐		

TO-DO THIS WEEK

- [ ]
- [ ]
- [ ]
- [ ]
- [ ]

- [ ]
- [ ]
- [ ]
- [ ]
- [ ]

- [ ]
- [ ]

NOTE TO MYSELF:

	WHAT DO I NEED TODAY?	ROUTINE □___ □___ □___	THIS WEEKS NEW LITTLE HABIT: ___	TO-DO TODAY	LITTLE MOMENT TO REMEMBER TODAY
M	MIND BODY HEART	□ □ □			
T	MIND BODY HEART	□ □ □			
W	MIND BODY HEART	□ □ □			
T	MIND BODY HEART	□ □ □			
F	MIND BODY HEART	□ □ □			
S	MIND BODY HEART	□ □ □			
S	MIND BODY HEART	□ □ □			

TO-DO THIS WEEK

☐
☐
☐
☐
☐

☐
☐
☐
☐
☐

☐

☐

NOTE TO MYSELF:

	WHAT DO I NEED TODAY?	ROUTINE ☐___ ☐___ ☐___	THIS WEEKS NEW LITTLE HABIT: ___	TO-DO TODAY	LITTLE MOMENT TO REMEMBER TODAY
M	MIND BODY HEART	☐ ☐ ☐	☐		
T	MIND BODY HEART	☐ ☐ ☐	☐		
W	MIND BODY HEART	☐ ☐ ☐	☐		
T	MIND BODY HEART	☐ ☐ ☐	☐		
F	MIND BODY HEART	☐ ☐ ☐	☐		
S	MIND BODY HEART	☐ ☐ ☐	☐		
S	MIND BODY HEART	☐ ☐ ☐	☐		

TO-DO THIS WEEK

☐
☐
☐
☐
☐

☐
☐
☐
☐
☐

☐
☐

NOTE TO MYSELF:

	WHAT DO I NEED TODAY?	ROUTINE ☐____ ☐____ ☐____	THIS WEEKS NEW LITTLE HABIT: ____	TO-DO TODAY	LITTLE MOMENT TO REMEMBER TODAY
M	MIND BODY HEART	☐ ☐ ☐	☐		
T	MIND BODY HEART	☐ ☐ ☐	☐		
W	MIND BODY HEART	☐ ☐ ☐	☐		
T	MIND BODY HEART	☐ ☐ ☐	☐		
F	MIND BODY HEART	☐ ☐ ☐	☐		
S	MIND BODY HEART	☐ ☐ ☐	☐		
S	MIND BODY HEART	☐ ☐ ☐	☐		

TO-DO THIS WEEK

- [ ]
- [ ]
- [ ]
- [ ]
- [ ]

- [ ]
- [ ]
- [ ]
- [ ]
- [ ]

- [ ]
- [ ]

NOTE TO MYSELF:

	WHAT DO I NEED TODAY?	ROUTINE	THIS WEEKS NEW LITTLE HABIT:	TO-DO TODAY	LITTLE MOMENT TO REMEMBER TODAY
		[ ]_____ [ ]_____ [ ]_____	_____		
M	MIND BODY HEART	[ ] [ ] [ ]			
T	MIND BODY HEART	[ ] [ ] [ ]			
W	MIND BODY HEART	[ ] [ ] [ ]			
T	MIND BODY HEART	[ ] [ ] [ ]			
F	MIND BODY HEART	[ ] [ ] [ ]			
S	MIND BODY HEART	[ ] [ ] [ ]			
S	MIND BODY HEART	[ ] [ ] [ ]			

I GOT THIS

TO-DO THIS WEEK

☐
☐
☐
☐
☐

☐
☐
☐
☐
☐

☐
☐

NOTE TO MYSELF:

	WHAT DO I NEED TODAY?	ROUTINE ☐_____ ☐_____ ☐_____	THIS WEEKS NEW LITTLE HABIT: _____	TO-DO TODAY	LITTLE MOMENT TO REMEMBER TODAY
M	MIND BODY HEART	☐ ☐ ☐	☐		
T	MIND BODY HEART	☐ ☐ ☐	☐		
W	MIND BODY HEART	☐ ☐ ☐	☐		
T	MIND BODY HEART	☐ ☐ ☐	☐		
F	MIND BODY HEART	☐ ☐ ☐	☐		
S	MIND BODY HEART	☐ ☐ ☐	☐		
S	MIND BODY HEART	☐ ☐ ☐	☐		

TO-DO THIS WEEK

☐
☐
☐
☐
☐

☐
☐
☐
☐
☐

☐
☐

NOTE TO MYSELF:

	WHAT DO I NEED TODAY?	ROUTINE ☐___ ☐___ ☐___	THIS WEEKS NEW LITTLE HABIT: ___	TO-DO TODAY	LITTLE MOMENT TO REMEMBER TODAY
M	MIND BODY HEART	☐ ☐ ☐	☐		
T	MIND BODY HEART	☐ ☐ ☐	☐		
W	MIND BODY HEART	☐ ☐ ☐	☐		
T	MIND BODY HEART	☐ ☐ ☐	☐		
F	MIND BODY HEART	☐ ☐ ☐	☐		
S	MIND BODY HEART	☐ ☐ ☐	☐		
S	MIND BODY HEART	☐ ☐ ☐	☐		

TO-DO THIS WEEK

- [ ]
- [ ]
- [ ]
- [ ]
- [ ]

- [ ]
- [ ]
- [ ]
- [ ]
- [ ]

- [ ]
- [ ]

NOTE TO MYSELF:

	WHAT DO I NEED TODAY?	ROUTINE ☐____ ☐____ ☐____	THIS WEEKS NEW LITTLE HABIT: ____	TO-DO TODAY	LITTLE MOMENT TO REMEMBER TODAY
M	MIND BODY HEART	☐ ☐ ☐	☐		
T	MIND BODY HEART	☐ ☐ ☐	☐		
W	MIND BODY HEART	☐ ☐ ☐	☐		
T	MIND BODY HEART	☐ ☐ ☐	☐		
F	MIND BODY HEART	☐ ☐ ☐	☐		
S	MIND BODY HEART	☐ ☐ ☐	☐		
S	MIND BODY HEART	☐ ☐ ☐	☐		

TO-DO THIS WEEK

☐
☐
☐
☐
☐

☐
☐
☐
☐
☐

☐
☐

NOTE TO MYSELF:

	WHAT DO I NEED TODAY?	ROUTINE ☐___ ☐___ ☐___	THIS WEEKS NEW LITTLE HABIT: ___	TO-DO TODAY	LITTLE MOMENT TO REMEMBER TODAY
M	MIND BODY HEART	☐ ☐ ☐	☐		
T	MIND BODY HEART	☐ ☐ ☐	☐		
W	MIND BODY HEART	☐ ☐ ☐	☐		
T	MIND BODY HEART	☐ ☐ ☐	☐		
F	MIND BODY HEART	☐ ☐ ☐	☐		
S	MIND BODY HEART	☐ ☐ ☐	☐		
S	MIND BODY HEART	☐ ☐ ☐	☐		

TO-DO THIS WEEK

☐
☐
☐
☐
☐

☐
☐
☐
☐
☐

☐
☐

	WHAT DO I NEED TODAY?	ROUTINE ☐ _____ ☐ _____ ☐ _____	THIS WEEKS NEW LITTLE HABIT: _____	TO-DO TODAY	LITTLE MOMENT TO REMEMBER TODAY
M	MIND BODY HEART	☐ ☐ ☐	☐		
T	MIND BODY HEART	☐ ☐ ☐	☐		
W	MIND BODY HEART	☐ ☐ ☐	☐		
T	MIND BODY HEART	☐ ☐ ☐	☐		
F	MIND BODY HEART	☐ ☐ ☐	☐		
S	MIND BODY HEART	☐ ☐ ☐	☐		
S	MIND BODY HEART	☐ ☐ ☐	☐		

TO-DO THIS WEEK

☐
☐
☐
☐
☐

☐
☐
☐
☐
☐

☐
☐

NOTE TO MYSELF:

	WHAT DO I NEED TODAY?	ROUTINE ☐____ ☐____ ☐____	THIS WEEKS NEW LITTLE HABIT: ____	TO-DO TODAY	LITTLE MOMENT TO REMEMBER TODAY
M	MIND BODY HEART	☐ ☐ ☐	☐		
T	MIND BODY HEART	☐ ☐ ☐	☐		
W	MIND BODY HEART	☐ ☐ ☐	☐		
T	MIND BODY HEART	☐ ☐ ☐	☐		
F	MIND BODY HEART	☐ ☐ ☐	☐		
S	MIND BODY HEART	☐ ☐ ☐	☐		
S	MIND BODY HEART	☐ ☐ ☐	☐		

TO-DO THIS WEEK

☐
☐
☐
☐
☐

☐
☐
☐
☐
☐

☐
☐

NOTE TO MYSELF:

	WHAT DO I NEED TODAY?	ROUTINE ☐_____ ☐_____ ☐_____	THIS WEEKS NEW LITTLE HABIT: _____	TO-DO TODAY	LITTLE MOMENT TO REMEMBER TODAY
M	MIND BODY HEART	☐ ☐ ☐	☐		
T	MIND BODY HEART	☐ ☐ ☐	☐		
W	MIND BODY HEART	☐ ☐ ☐	☐		
T	MIND BODY HEART	☐ ☐ ☐	☐		
F	MIND BODY HEART	☐ ☐ ☐	☐		
S	MIND BODY HEART	☐ ☐ ☐	☐		
S	MIND BODY HEART	☐ ☐ ☐	☐		

TO-DO THIS WEEK

☐
☐
☐
☐
☐

☐
☐
☐
☐
☐

☐
☐

NOTE TO MYSELF:

	WHAT DO I NEED TODAY?	ROUTINE ☐___ ☐___ ☐___	THIS WEEKS NEW LITTLE HABIT: ___	TO-DO TODAY	LITTLE MOMENT TO REMEMBER TODAY
M	MIND BODY HEART	☐ ☐ ☐	☐		
T	MIND BODY HEART	☐ ☐ ☐	☐		
W	MIND BODY HEART	☐ ☐ ☐	☐		
T	MIND BODY HEART	☐ ☐ ☐	☐		
F	MIND BODY HEART	☐ ☐ ☐	☐		
S	MIND BODY HEART	☐ ☐ ☐	☐		
S	MIND BODY HEART	☐ ☐ ☐	☐		

TO-DO THIS WEEK

☐
☐
☐
☐
☐

☐
☐
☐
☐
☐

☐
☐

NOTE TO MYSELF:

	WHAT DO I NEED TODAY?	ROUTINE ☐_____ ☐_____ ☐_____	THIS WEEKS NEW LITTLE HABIT: _____	TO-DO TODAY	LITTLE MOMENT TO REMEMBER TODAY
M	MIND BODY HEART	☐ ☐ ☐	☐		
T	MIND BODY HEART	☐ ☐ ☐	☐		
W	MIND BODY HEART	☐ ☐ ☐	☐		
T	MIND BODY HEART	☐ ☐ ☐	☐		
F	MIND BODY HEART	☐ ☐ ☐	☐		
S	MIND BODY HEART	☐ ☐ ☐	☐		
S	MIND BODY HEART	☐ ☐ ☐	☐		

TO-DO THIS WEEK

- [ ]
- [ ]
- [ ]
- [ ]
- [ ]

- [ ]
- [ ]
- [ ]
- [ ]
- [ ]

- [ ]
- [ ]

NOTE TO MYSELF:

	WHAT DO I NEED TODAY?	ROUTINE [ ] _____ [ ] _____ [ ] _____	THIS WEEKS NEW LITTLE HABIT: _____	TO-DO TODAY	LITTLE MOMENT TO REMEMBER TODAY
M	MIND BODY HEART	[ ] [ ] [ ]			
T	MIND BODY HEART	[ ] [ ] [ ]			
W	MIND BODY HEART	[ ] [ ] [ ]			
T	MIND BODY HEART	[ ] [ ] [ ]			
F	MIND BODY HEART	[ ] [ ] [ ]			
S	MIND BODY HEART	[ ] [ ] [ ]			
S	MIND BODY HEART	[ ] [ ] [ ]			

TO-DO THIS WEEK

☐
☐
☐
☐
☐

☐
☐
☐
☐
☐

☐
☐

NOTE TO MYSELF:

	WHAT DO I NEED TODAY?	ROUTINE ☐ _____ ☐ _____ ☐ _____	THIS WEEKS NEW LITTLE HABIT: _____	TO-DO TODAY	LITTLE MOMENT TO REMEMBER TODAY
M	MIND BODY HEART	☐ ☐ ☐	☐		
T	MIND BODY HEART	☐ ☐ ☐	☐		
W	MIND BODY HEART	☐ ☐ ☐	☐		
T	MIND BODY HEART	☐ ☐ ☐	☐		
F	MIND BODY HEART	☐ ☐ ☐	☐		
S	MIND BODY HEART	☐ ☐ ☐	☐		
S	MIND BODY HEART	☐ ☐ ☐	☐		

TO-DO THIS WEEK

☐
☐
☐
☐
☐

☐
☐
☐
☐
☐

☐
☐

NOTE TO MYSELF:

	WHAT DO I NEED TODAY?	ROUTINE ☐_____ ☐_____ ☐_____	THIS WEEKS NEW LITTLE HABIT: _____	TO-DO TODAY	LITTLE MOMENT TO REMEMBER TODAY
M	MIND BODY HEART	☐ ☐ ☐	☐		
T	MIND BODY HEART	☐ ☐ ☐	☐		
W	MIND BODY HEART	☐ ☐ ☐	☐		
T	MIND BODY HEART	☐ ☐ ☐	☐		
F	MIND BODY HEART	☐ ☐ ☐	☐		
S	MIND BODY HEART	☐ ☐ ☐	☐		
S	MIND BODY HEART	☐ ☐ ☐	☐		

TO-DO THIS WEEK

☐
☐
☐
☐
☐

☐
☐
☐
☐
☐

☐
☐

NOTE TO MYSELF:

	WHAT DO I NEED TODAY?	ROUTINE ☐_____ ☐_____ ☐_____	THIS WEEKS NEW LITTLE HABIT: _____	TO-DO TODAY	LITTLE MOMENT TO REMEMBER TODAY
M	MIND ☐ BODY ☐ HEART ☐	☐ ☐ ☐			
T	MIND ☐ BODY ☐ HEART ☐	☐ ☐ ☐			
W	MIND ☐ BODY ☐ HEART ☐	☐ ☐ ☐			
T	MIND ☐ BODY ☐ HEART ☐	☐ ☐ ☐			
F	MIND ☐ BODY ☐ HEART ☐	☐ ☐ ☐			
S	MIND ☐ BODY ☐ HEART ☐	☐ ☐ ☐			
S	MIND ☐ BODY ☐ HEART ☐	☐ ☐ ☐			

TO-DO THIS WEEK

☐
☐
☐
☐
☐

☐
☐
☐
☐
☐

☐
☐

NOTE TO MYSELF:

	WHAT DO I NEED TODAY?	ROUTINE ☐___ ☐___ ☐___	THIS WEEKS NEW LITTLE HABIT: ___	TO-DO TODAY	LITTLE MOMENT TO REMEMBER TODAY
M	MIND BODY HEART	☐ ☐ ☐	☐		
T	MIND BODY HEART	☐ ☐ ☐	☐		
W	MIND BODY HEART	☐ ☐ ☐	☐		
T	MIND BODY HEART	☐ ☐ ☐	☐		
F	MIND BODY HEART	☐ ☐ ☐	☐		
S	MIND BODY HEART	☐ ☐ ☐	☐		
S	MIND BODY HEART	☐ ☐ ☐	☐		

SHOW THE WORLD HOW MUCH YOU HAVE TO OFFER

TO-DO THIS WEEK

- [ ]
- [ ]
- [ ]
- [ ]
- [ ]

- [ ]
- [ ]
- [ ]
- [ ]
- [ ]

- [ ]
- [ ]

NOTE TO MYSELF:

	WHAT DO I NEED TODAY?	ROUTINE [ ] _____ [ ] _____ [ ] _____	THIS WEEKS NEW LITTLE HABIT: _____	TO-DO TODAY	LITTLE MOMENT TO REMEMBER TODAY
M	MIND BODY HEART	[ ] [ ] [ ]			
T	MIND BODY HEART	[ ] [ ] [ ]			
W	MIND BODY HEART	[ ] [ ] [ ]			
T	MIND BODY HEART	[ ] [ ] [ ]			
F	MIND BODY HEART	[ ] [ ] [ ]			
S	MIND BODY HEART	[ ] [ ] [ ]			
S	MIND BODY HEART	[ ] [ ] [ ]			

TO-DO THIS WEEK

☐
☐
☐
☐
☐

☐
☐
☐
☐
☐

☐
☐

NOTE TO MYSELF:

	WHAT DO I NEED TODAY?	ROUTINE ☐_____ ☐_____ ☐_____	THIS WEEKS NEW LITTLE HABIT: _____	TO-DO TODAY	LITTLE MOMENT TO REMEMBER TODAY
M	MIND BODY HEART	☐ ☐ ☐	☐		
T	MIND BODY HEART	☐ ☐ ☐	☐		
W	MIND BODY HEART	☐ ☐ ☐	☐		
T	MIND BODY HEART	☐ ☐ ☐	☐		
F	MIND BODY HEART	☐ ☐ ☐	☐		
S	MIND BODY HEART	☐ ☐ ☐	☐		
S	MIND BODY HEART	☐ ☐ ☐	☐		

TO-DO THIS WEEK

☐
☐
☐
☐
☐

☐
☐
☐
☐
☐

☐
☐

NOTE TO MYSELF:

	WHAT DO I NEED TODAY?	ROUTINE ☐____ ☐____ ☐____	THIS WEEKS NEW LITTLE HABIT: ____	TO-DO TODAY	LITTLE MOMENT TO REMEMBER TODAY
M	MIND BODY HEART	☐ ☐ ☐	☐		
T	MIND BODY HEART	☐ ☐ ☐	☐		
W	MIND BODY HEART	☐ ☐ ☐	☐		
T	MIND BODY HEART	☐ ☐ ☐	☐		
F	MIND BODY HEART	☐ ☐ ☐	☐		
S	MIND BODY HEART	☐ ☐ ☐	☐		
S	MIND BODY HEART	☐ ☐ ☐	☐		

TO-DO THIS WEEK

- [ ]
- [ ]
- [ ]
- [ ]
- [ ]

- [ ]
- [ ]
- [ ]
- [ ]
- [ ]

- [ ]
- [ ]

NOTE TO MYSELF:

	WHAT DO I NEED TODAY?	ROUTINE [ ] _____ [ ] _____ [ ] _____	THIS WEEKS NEW LITTLE HABIT: _____	TO-DO TODAY	LITTLE MOMENT TO REMEMBER TODAY
M	MIND BODY HEART	[ ] [ ] [ ]			
T	MIND BODY HEART	[ ] [ ] [ ]			
W	MIND BODY HEART	[ ] [ ] [ ]			
T	MIND BODY HEART	[ ] [ ] [ ]			
F	MIND BODY HEART	[ ] [ ] [ ]			
S	MIND BODY HEART	[ ] [ ] [ ]			
S	MIND BODY HEART	[ ] [ ] [ ]			

TO-DO THIS WEEK

- [ ]
- [ ]
- [ ]
- [ ]
- [ ]

- [ ]
- [ ]
- [ ]
- [ ]
- [ ]

- [ ]
- [ ]

NOTE TO MYSELF:

	WHAT DO I NEED TODAY?	ROUTINE [ ]_____ [ ]_____ [ ]_____	THIS WEEKS NEW LITTLE HABIT: _____	TO-DO TODAY	LITTLE MOMENT TO REMEMBER TODAY
M	MIND BODY HEART	[ ] [ ] [ ]			
T	MIND BODY HEART	[ ] [ ] [ ]			
W	MIND BODY HEART	[ ] [ ] [ ]			
T	MIND BODY HEART	[ ] [ ] [ ]			
F	MIND BODY HEART	[ ] [ ] [ ]			
S	MIND BODY HEART	[ ] [ ] [ ]			
S	MIND BODY HEART	[ ] [ ] [ ]			

TO-DO THIS WEEK

- [ ]
- [ ]
- [ ]
- [ ]
- [ ]

- [ ]
- [ ]
- [ ]
- [ ]
- [ ]

- [ ]
- [ ]

NOTE TO MYSELF:

	WHAT DO I NEED TODAY?	ROUTINE [ ]_____ [ ]_____ [ ]_____	THIS WEEKS NEW LITTLE HABIT: _____	TO-DO TODAY	LITTLE MOMENT TO REMEMBER TODAY
M	MIND [ ] BODY [ ] HEART [ ]	[ ]			
T	MIND [ ] BODY [ ] HEART [ ]	[ ]			
W	MIND [ ] BODY [ ] HEART [ ]	[ ]			
T	MIND [ ] BODY [ ] HEART [ ]	[ ]			
F	MIND [ ] BODY [ ] HEART [ ]	[ ]			
S	MIND [ ] BODY [ ] HEART [ ]	[ ]			
S	MIND [ ] BODY [ ] HEART [ ]	[ ]			

TO-DO THIS WEEK

☐
☐
☐
☐
☐

☐
☐
☐
☐
☐

☐
☐

NOTE TO MYSELF:

	WHAT DO I NEED TODAY?	ROUTINE ☐___ ☐___ ☐___	THIS WEEKS NEW LITTLE HABIT: ___	TO-DO TODAY	LITTLE MOMENT TO REMEMBER TODAY
M	MIND BODY HEART	☐ ☐ ☐	☐		
T	MIND BODY HEART	☐ ☐ ☐	☐		
W	MIND BODY HEART	☐ ☐ ☐	☐		
T	MIND BODY HEART	☐ ☐ ☐	☐		
F	MIND BODY HEART	☐ ☐ ☐	☐		
S	MIND BODY HEART	☐ ☐ ☐	☐		
S	MIND BODY HEART	☐ ☐ ☐	☐		

TO-DO THIS WEEK

- [ ]
- [ ]
- [ ]
- [ ]
- [ ]

- [ ]
- [ ]
- [ ]
- [ ]
- [ ]

- [ ]
- [ ]

NOTE TO MYSELF:

	WHAT DO I NEED TODAY?	ROUTINE	THIS WEEKS NEW LITTLE HABIT:	TO-DO TODAY	LITTLE MOMENT TO REMEMBER TODAY
		☐ _____ ☐ _____ ☐ _____	_____		
M	MIND ☐ BODY ☐ HEART ☐	☐ ☐ ☐	☐		
T	MIND ☐ BODY ☐ HEART ☐	☐ ☐ ☐	☐		
W	MIND ☐ BODY ☐ HEART ☐	☐ ☐ ☐	☐		
T	MIND ☐ BODY ☐ HEART ☐	☐ ☐ ☐	☐		
F	MIND ☐ BODY ☐ HEART ☐	☐ ☐ ☐	☐		
S	MIND ☐ BODY ☐ HEART ☐	☐ ☐ ☐	☐		
S	MIND ☐ BODY ☐ HEART ☐	☐ ☐ ☐	☐		

TO-DO THIS WEEK

☐
☐
☐
☐
☐

☐
☐
☐
☐
☐

☐
☐

NOTE TO MYSELF:

	WHAT DO I NEED TODAY?	ROUTINE ☐ _____ ☐ _____ ☐ _____	THIS WEEKS NEW LITTLE HABIT: _____	TO-DO TODAY	LITTLE MOMENT TO REMEMBER TODAY
M	MIND BODY HEART	☐ ☐ ☐	☐		
T	MIND BODY HEART	☐ ☐ ☐	☐		
W	MIND BODY HEART	☐ ☐ ☐	☐		
T	MIND BODY HEART	☐ ☐ ☐	☐		
F	MIND BODY HEART	☐ ☐ ☐	☐		
S	MIND BODY HEART	☐ ☐ ☐	☐		
S	MIND BODY HEART	☐ ☐ ☐	☐		

TO-DO THIS WEEK

☐
☐
☐
☐
☐

☐
☐
☐
☐
☐

☐
☐

NOTE TO MYSELF:

	WHAT DO I NEED TODAY?	ROUTINE ☐___ ☐___ ☐___	THIS WEEKS NEW LITTLE HABIT: ___	TO-DO TODAY	LITTLE MOMENT TO REMEMBER TODAY
M	MIND BODY HEART	☐ ☐ ☐	☐		
T	MIND BODY HEART	☐ ☐ ☐	☐		
W	MIND BODY HEART	☐ ☐ ☐	☐		
T	MIND BODY HEART	☐ ☐ ☐	☐		
F	MIND BODY HEART	☐ ☐ ☐	☐		
S	MIND BODY HEART	☐ ☐ ☐	☐		
S	MIND BODY HEART	☐ ☐ ☐	☐		

YOU ARE
PRECIOUS

TO-DO THIS WEEK

- [ ]
- [ ]
- [ ]
- [ ]
- [ ]

- [ ]
- [ ]
- [ ]
- [ ]
- [ ]

- [ ]
- [ ]

NOTE TO MYSELF:

	WHAT DO I NEED TODAY?	ROUTINE [ ] _____ [ ] _____ [ ] _____	THIS WEEKS NEW LITTLE HABIT: _____	TO-DO TODAY	LITTLE MOMENT TO REMEMBER TODAY
M	MIND BODY HEART	[ ] [ ] [ ]			
T	MIND BODY HEART	[ ] [ ] [ ]			
W	MIND BODY HEART	[ ] [ ] [ ]			
T	MIND BODY HEART	[ ] [ ] [ ]			
F	MIND BODY HEART	[ ] [ ] [ ]			
S	MIND BODY HEART	[ ] [ ] [ ]			
S	MIND BODY HEART	[ ] [ ] [ ]			

TO-DO THIS WEEK

☐
☐
☐
☐
☐

☐
☐
☐
☐
☐

☐
☐

NOTE TO MYSELF:

	WHAT DO I NEED TODAY?	ROUTINE ☐____ ☐____ ☐____	THIS WEEKS NEW LITTLE HABIT: ____	TO-DO TODAY	LITTLE MOMENT TO REMEMBER TODAY
M	MIND BODY HEART	☐ ☐ ☐	☐		
T	MIND BODY HEART	☐ ☐ ☐	☐		
W	MIND BODY HEART	☐ ☐ ☐	☐		
T	MIND BODY HEART	☐ ☐ ☐	☐		
F	MIND BODY HEART	☐ ☐ ☐	☐		
S	MIND BODY HEART	☐ ☐ ☐	☐		
S	MIND BODY HEART	☐ ☐ ☐	☐		

TO-DO THIS WEEK

☐

☐

☐

☐

☐

☐

☐

☐

☐

☐

☐

☐

	WHAT DO I NEED TODAY?	ROUTINE ☐___ ☐___ ☐___	THIS WEEKS NEW LITTLE HABIT: ___	TO-DO TODAY	LITTLE MOMENT TO REMEMBER TODAY
M	MIND BODY HEART	☐ ☐ ☐	☐		
T	MIND BODY HEART	☐ ☐ ☐	☐		
W	MIND BODY HEART	☐ ☐ ☐	☐		
T	MIND BODY HEART	☐ ☐ ☐	☐		
F	MIND BODY HEART	☐ ☐ ☐	☐		
S	MIND BODY HEART	☐ ☐ ☐	☐		
S	MIND BODY HEART	☐ ☐ ☐	☐		

TO-DO THIS WEEK

☐
☐
☐
☐
☐

☐
☐
☐
☐
☐

☐
☐

NOTE TO MYSELF:

	WHAT DO I NEED TODAY?	ROUTINE ☐___ ☐___ ☐___	THIS WEEKS NEW LITTLE HABIT: ___	TO-DO TODAY	LITTLE MOMENT TO REMEMBER TODAY
M	MIND BODY HEART	☐ ☐ ☐	☐		
T	MIND BODY HEART	☐ ☐ ☐	☐		
W	MIND BODY HEART	☐ ☐ ☐	☐		
T	MIND BODY HEART	☐ ☐ ☐	☐		
F	MIND BODY HEART	☐ ☐ ☐	☐		
S	MIND BODY HEART	☐ ☐ ☐	☐		
S	MIND BODY HEART	☐ ☐ ☐	☐		

TO-DO THIS WEEK

- ☐
- ☐
- ☐
- ☐
- ☐

- ☐
- ☐
- ☐
- ☐
- ☐

- ☐
- ☐

NOTE TO MYSELF:

	WHAT DO I NEED TODAY?	ROUTINE ☐___ ☐___ ☐___	THIS WEEKS NEW LITTLE HABIT: ___	TO-DO TODAY	LITTLE MOMENT TO REMEMBER TODAY
M	MIND ☐ BODY ☐ HEART ☐	☐		
T	MIND ☐ BODY ☐ HEART ☐	☐		
W	MIND ☐ BODY ☐ HEART ☐	☐		
T	MIND ☐ BODY ☐ HEART ☐	☐		
F	MIND ☐ BODY ☐ HEART ☐	☐		
S	MIND ☐ BODY ☐ HEART ☐	☐		
S	MIND ☐ BODY ☐ HEART ☐	☐		

TO-DO THIS WEEK

☐
☐
☐
☐
☐

☐
☐
☐
☐
☐

☐
☐

NOTE TO MYSELF:

	WHAT DO I NEED TODAY?	ROUTINE ☐ ____ ☐ ____ ☐ ____	THIS WEEKS NEW LITTLE HABIT: ____	TO-DO TODAY	LITTLE MOMENT TO REMEMBER TODAY
M	MIND BODY HEART	☐ ☐ ☐	☐		
T	MIND BODY HEART	☐ ☐ ☐	☐		
W	MIND BODY HEART	☐ ☐ ☐	☐		
T	MIND BODY HEART	☐ ☐ ☐	☐		
F	MIND BODY HEART	☐ ☐ ☐	☐		
S	MIND BODY HEART	☐ ☐ ☐	☐		
S	MIND BODY HEART	☐ ☐ ☐	☐		

TO-DO THIS WEEK

☐
☐
☐
☐
☐

☐
☐
☐
☐
☐

☐
☐

NOTE TO MYSELF:

	WHAT DO I NEED TODAY?	ROUTINE ☐ _____ ☐ _____ ☐ _____	THIS WEEKS NEW LITTLE HABIT: _____	TO-DO TODAY	LITTLE MOMENT TO REMEMBER TODAY
M	MIND BODY HEART	☐ ☐ ☐	☐		
T	MIND BODY HEART	☐ ☐ ☐	☐		
W	MIND BODY HEART	☐ ☐ ☐	☐		
T	MIND BODY HEART	☐ ☐ ☐	☐		
F	MIND BODY HEART	☐ ☐ ☐	☐		
S	MIND BODY HEART	☐ ☐ ☐	☐		
S	MIND BODY HEART	☐ ☐ ☐	☐		

TO-DO THIS WEEK

☐
☐
☐
☐
☐

☐
☐
☐
☐
☐

☐
☐

NOTE TO MYSELF:

	WHAT DO I NEED TODAY?	ROUTINE ☐ _____ ☐ _____ ☐ _____	THIS WEEKS NEW LITTLE HABIT: _____	TO-DO TODAY	LITTLE MOMENT TO REMEMBER TODAY
M	MIND BODY HEART	☐ ☐ ☐	☐		
T	MIND BODY HEART	☐ ☐ ☐	☐		
W	MIND BODY HEART	☐ ☐ ☐	☐		
T	MIND BODY HEART	☐ ☐ ☐	☐		
F	MIND BODY HEART	☐ ☐ ☐	☐		
S	MIND BODY HEART	☐ ☐ ☐	☐		
S	MIND BODY HEART	☐ ☐ ☐	☐		

TO-DO THIS WEEK

☐
☐
☐
☐
☐

☐
☐
☐
☐
☐

☐
☐

NOTE TO MYSELF:

	WHAT DO I NEED TODAY?	ROUTINE ☐____ ☐____ ☐____	THIS WEEKS NEW LITTLE HABIT: _____	TO-DO TODAY	LITTLE MOMENT TO REMEMBER TODAY
M	MIND BODY HEART	☐ ☐ ☐	☐		
T	MIND BODY HEART	☐ ☐ ☐	☐		
W	MIND BODY HEART	☐ ☐ ☐	☐		
T	MIND BODY HEART	☐ ☐ ☐	☐		
F	MIND BODY HEART	☐ ☐ ☐	☐		
S	MIND BODY HEART	☐ ☐ ☐	☐		
S	MIND BODY HEART	☐ ☐ ☐	☐		

TO-DO THIS WEEK

- [ ]
- [ ]
- [ ]
- [ ]
- [ ]

- [ ]
- [ ]
- [ ]
- [ ]
- [ ]

- [ ]
- [ ]

NOTE TO MYSELF:

	WHAT DO I NEED TODAY?	ROUTINE [ ]_____ [ ]_____ [ ]_____	THIS WEEKS NEW LITTLE HABIT: _____	TO-DO TODAY	LITTLE MOMENT TO REMEMBER TODAY
M	MIND BODY HEART	[ ] [ ] [ ]			
T	MIND BODY HEART	[ ] [ ] [ ]			
W	MIND BODY HEART	[ ] [ ] [ ]			
T	MIND BODY HEART	[ ] [ ] [ ]			
F	MIND BODY HEART	[ ] [ ] [ ]			
S	MIND BODY HEART	[ ] [ ] [ ]			
S	MIND BODY HEART	[ ] [ ] [ ]			

SPACE FOR IDEAS